AF502628

NOUVELLES RECHERCHES BIOGRAPHIQUES

SUR LES

TROUVÈRES ARTÉSIENS

NOUVELLES RECHERCHES BIOGRAPHIQUES

SUR LES

TROUVÈRES ARTÉSIENS

PAR

A. GUESNON

PARIS
LIBRAIRIE ÉMILE BOUILLON, ÉDITEUR
67, RUE DE RICHELIEU, AU PREMIER

1902

(*Extrait du* **Moyen Age**, *Année 1902*)

NOUVELLES RECHERCHES BIOGRAPHIQUES

SUR LES

TROUVÈRES ARTÉSIENS

I

Dans une publication antérieure, j'avais entrepris de reconstituer le cadre historique de quelques-uns des plus anciens poètes chansonniers d'Arras : PIERRE DE CORBIE, ADAM DE GIVENCHY, SIMON D'AUTHIE, GILLES LE VINIER et GUILLAUME LE VINIER, tous appartenant à l'église, plusieurs même au chapitre d'Arras[1].

Le présent article, continuant l'enquête, passe en revue vingt-cinq autres trouvères artésiens, dont l'existence, la chronologie, la condition sociale, le nom même sont encore plus ou moins énigmatiques pour les commentateurs de leurs œuvres.

La plupart de ces vagues personnalités sont ensevelies dans un oubli trop profond pour qu'on puisse espérer de les ramener jamais au grand jour de l'histoire locale; heureux lorsque les fouilles ne restent pas complètement stériles et qu'un rapprochement, un mot, une date jettent quelque lueur, si faible soit-elle, dans ces ténèbres biographiques.

1. — En tête du groupe étudié d'abord, on pouvait s'attendre à rencontrer JEAN BODEL, le premier en date comme en importance. Je dus le réserver pour une étude à part[2], car cette

1. *Bulletin hist. et philolog. du Comité des Travaux hist.*, ann. 1894.
2. *Ibid.*, p. 420 (p. 15 du tirage à part).

date même était controversée, et la solution du problème reposait sur le témoignage d'un document nouveau, dont il me fallait avant tout préciser le caractère et la portée.

Je veux parler du *Registre de la Confrérie des Jongleurs et des Bourgeois d'Arras*.

En démontrant dans une note spéciale que ce manuscrit n'est pas, comme on l'avait cru jusqu'alors, le livre d'entrée dans la confrérie, mais au contraire le livre de sortie, c'est-à-dire un *Nécrologe*[1], que le nom de Bodel y est inscrit vers la fin de février ou le commencement de mars 1210[2], que bon nombre de personnages cités dans le *Congé* se retrouvent dans ces rôles funéraires à partir des débuts du XIIIe siècle et ne se retrouvent que là[3], je crois avoir fourni un argument décisif à l'opinion qui date de la croisade de Constantinople, et non de l'expédition de saint Louis en Égypte[4], l'entrée du trouvère d'Arras à la léproserie de Saint-Nicolas de Méaulens[5].

Une miniature de la fin du XIIIe siècle rappelle cette circonstance de sa vie. Elle nous montre Bodel lisant ses vers

1. *Le Registre de la Confrérie des Jongleurs et Bourgeois d'Arras*, communication sur le ms. fr. de la B. N. n° 8541, dans les *Comptes rendus de l'Académie des Inscriptions et Belles-Lettres*, 1899, t. XXII, p. 464-475.

2. *La Satire à Arras au XIIIe siècle*, dans le *Moyen Age*, 1900, p. 168 (p. 118 du tirage à part).

3. *Ibid.*, p. 165 (p. 115 du tirage à part).

4. A. Dinaux, *Trouv. artés.*, p. 260. — Monmerqué, *Théâtre fr. au moyen âge*, p. 160. — P. Paris, *Hist. litt.*, t. XX, p. 610. — Gaston Raynaud, *Les Congés de Jean Bodel*, dans la *Romania*, IX, 216-247. — Henri Guy, *Essai sur la vie et les œuvres du trouvère Adan de le Hale*, appendice, p. 365.

5. On ignore la date de la fondation des deux léproseries de la ville d'Arras, l'une et l'autre *extra-muros*, celle de Méaulens au nord, celle du Grand-Val de Beaurains au midi. La première fut, en 1167, l'objet d'une donation de Bauduin Cauderon, seigneur de Saulty, dont le texte est repris dans un acte confirmatif de 1312 (Arch. comm. *Hôpitaux*). La seconde est mentionnée en 1170 dans le *Cartul. de Saint-Vaast* par Guiman (p. 254 de l'éd. Van Drival). Noter que les mots « et capella » y ont été interpolés, comme la syntaxe l'indique : nous en avons la preuve dans l'acte capitulaire qui ne leur concéda cette chapelle qu'en 1186. — *Cartul. du Chap. d'Arras*, B. N. ms. lat. 9930, f° 25 v°, n° XLIII (Ed. A. de Loisne, n° 72).

d'adieu devant un groupe d'auditeurs émus, debout, tête nue, la face couverte de plaques pustuleuses, enveloppé d'un manteau, son chapeau rejeté sur le dos, ses « cliquettes » pendues à sa ceinture. Au-devant de lui, posant à terre sur trois pieds, une sorte de tronc portatif en forme de tirelire au goulot béant semble solliciter les aumônes de l'assistance[1].

Sans vouloir revenir ici sur l'argumentation chronologique exposée ailleurs à propos du *Congé*[2], j'y relèverai seulement deux noms qui la résument et la précisent. Au *Nécrologe* sont inscrits d'une part le « vielere Caignés[3] » vers décembre 1200, de l'autre « Warins li joglere » vers juillet 1203. Si l'on identifie ces deux artistes, confrères de Bodel, avec leurs homonymes cités par lui[4], non seulement la date du *Congé* ne pourra descendre au-dessous de 1200 qu'on lui avait d'abord assignée, mais elle devra remonter le cours de 1200, peut-être au delà, jusqu'aux premières prédications de Foulques de Neuilly[5].

2. — La croisade de Bodel n'aurait-elle pas eu un apôtre

1. Bibl. de l'Ars., ms. 3142, f° 227. Cette miniature est placée en tête des *Congés* de Bodel. Elle a été reproduite en gravure par H. Suchier, le savant romaniste de l'Université de Halle a. S., dans la première partie de *Geschichte der französischen Litteratur*, Leipzig, 1900.

2. *La Satire à Arras au XIIIe siècle*, *loc. cit.*. p. 161 (p. 111 du tirage à part).

3. Méon imprime « Vaingnet », fausse lecture devenue « Waignet » dans l'édition de M. Gaston Raynaud. Les mss. ne justifient ni l'une ni l'autre. En voici le relevé : Bruxelles 9411-9426 « Caignet » — Arsenal 3142 « Caignet » ; *ibid.*, 3114 « Kaingnet » — Bib. nat. 25566 « Caignet »; *ibid.*, 837 « Caingnet » : *ibid.*, 375 « Faignet ». — La dissidence de ce dernier ms. est le fait du rubricateur qui a peint une F ornementale au lieu d'un K. La peinture à moitié effacée de cette même initiale dans le chansonnier La Vallière, explique comment Méon a pu prendre pour un U le C majuscule clairement indiqué par le dessin. — Voir Méon, *Fabl. et Contes*, I, p. 140 (v. 169) et p. 139 (v. 133) — G. Raynaud, *Romania*, IX, p. 242 (v. 421) et p. 239 (v. 241).

4. Méon, *loc. cit.*, p. 141, v. 181. — G. Raynaud, *loc. cit.*, p. 242, v. 409.

5. Si le *Congé* est antérieur à 1200, on comprend que Bodel n'ait pu y faire ses adieux à la chapelle des Jongleurs sur le Petit-Marché, qui ne fut bâtie qu'en 1200. Les vers qu'il lui adresse d'après certaines copies auraient été plus tard ajoutés par lui à l'œuvre primitive.

ignoré dans ce clerc salué par lui comme l'un des trouvères d'Arras alors les plus en vogue, « maistre Renaut de Biauvais? » Ce nom, qui fait songer à « dans Elinand », semble identique à MAISTRE RENAS, l'auteur personnellement inconnu, d'un serventois de très haute allure, appelant les rois et les peuples chrétiens au secours de Jérusalem[1]. D'autre part, les obituaires de l'église cathédrale ont inscrit vers cette date un « magister Renaldus canonicus Atrebatensis[2] ». Nous voudrions voir là autre chose qu'une simple coïncidence, mais l'absence du surnom « Belvacensis » ne permet pas de conclure.

3. — Nous pouvons être plus affirmatif au sujet de WIBERT KAUKESEL, indûment appelé HUBERT par suite d'une confusion entre deux prénoms essentiellement différents[3], et que, sans plus de raison, on a voulu identifier avec le Wibert « de le Sale » du *Congé* de Bodel[4].

Les Kaukesel (Caukesel, Cauquesel, Cauchesel, lat. Calcans sel) ont fourni une dizaine de noms au *Nécrologe* entre 1202 et 1275. Un Wibert Caukesel faisait partie de l'échevinage excommunié par l'évêque en 1222[5]. Il possédait un manoir à Hervain près de Blangy[6] et mourut en 1243[7].

Cet échevin d'Arras n'est d'ailleurs pour rien dans les quatre chansons d'amour qui portent son nom. Celles-ci sont l'œuvre d'un clerc, son homonyme et sans doute très proche parent, qualifié dans les mss. « maistre » Wibert Kaukesel.

En lui, nous reconnaissons sans hésiter un de nos chanoines,

1. P. Paris, *Hist. litt.*, XXIII, p. 705.
2. Bibl. d'Arras, ms. 740. Obit. XVII kal. januar.
3. Voir A. F. Pott, *Die Personennamen*, 209, 221, 213. — Dans les transcriptions, Wibert est devenu Huibert, puis Hubert; de là cette confusion.
4. Dinaux, *Trouv. artès.*, p. 251. — *Hist. litt.*, XXIII, 615.
5. Guiman, *Cartul. de S.-Vaast*, codex de l'Évêché, pièces de procédures.
6. *Ibid.* Chartes, complémentaires, n° 612.
7. B. N., ms. fr. 8541, f° 18 v°, col. 2.

écolâtre du chapitre vers 1250, inscrit au III des nones de décembre dans les obituaires[1]. C'est un nom de plus à joindre à ceux des dignitaires de l'église N.-D. déjà compris dans la liste de nos trouvères galants.

4. — La même compagnie revendique le chansonnier MAISTRE BAUDE AUGRENON[2]. Ce chanoine d'Arras vendit au chapitre, en 1252, des terres qu'il possédait à Vitry[3]. On le voit partie contractante dans deux actes originaux d'octobre 1256 et septembre 1258 constatant l'acquisition faite par lui d'une maison en Cité[4], qu'il céda dix ans plus tard à un de ses confrères[5].

Cette maison est reprise sous son nom dans le cueilloir des rentes foncières de l'église N.-D. renouvelé en 1261[6]. Il possédait en outre une propriété à Méaulens[7]. Son décès, qu'on peut fixer approximativement à 1268, est inscrit au X des cal. de décembre dans les obituaires d'Arras[8] et dans celui de la collégiale de Lens[9].

5. — MAISTRES GUILLAUMES VEAUS[10] appartient, lui aussi, à une ancienne famille bourgeoise d'Arras, dont plusieurs membres figurent dans les épaves de nos listes échevinales :

1. Bibl. d'Arras, ms. 424 : « Obiit étiam Wibertus Caukesel, scolasticus Attrebatensis. »
2. *Hist. litt.*, XXIII, p. 531.
3. Bibl. de l'Év., *Reg. kartarum*, fol. 148 r°, coté CLIX.
4. Arch. dép. du Pas-de-Calais, *Évêché et Chapitre*.
5. B. N. Moreau, vol. CXCII, f° 123 : acte du 23 avril 1268.
6. B. N., ms. lat. 10972, f° 7 : *Ex alia parte* [*de Galcurrue*] *versus Bronnes*.
7. Acte de vente par Jean li Couwes à Jean Verdiere d'Arras, clerc, fils de feu Jakemon Verdiere, d'un manoir (mès) acheté par lui d'Anthoine Cousin, « ki fu jadis maistre Baude au Grenon, ki siet d'en coste le daarrain moelin de Miaulens, au les par devers Saint Nicholas. » — Nov. 1282. — Arch. du Pas-de-Calais, *St-Vaast*.
8. Bibl. d'Arras, mss. 740 et 424.
9. Cet obituaire possédé successivement par P. Leroux du Châtelet, A. de la Fons de Mélicocq et L. Dancoisne, aurait été acheté à la vente de ce dernier pour le British Museum.
10. *Hist. litt.*, XXIII, p. 610.

Simon Veel (Vitulus) en 1222[1], Guillaume Veel (Vitulus) en 1262[2]. La femme de ce dernier est inscrite au *Nécrologe* en 1272[3].

Quant à notre chansonnier, homme d'Église comme les précédents, il était fils d'un Jean Veel, bourgeois d'Arras, décédé avant 1257[4]. Il avait hérité d'un huitième dans la propriété des moulins de Méaulens et vendit sa part en 1268[5]. Chanoine de Notre-Dame, il occupait dans le cloître la troisième maison canoniale, aujourd'hui n° 10 de la place de la Préfecture[6]. Un acte de 1278 laisse croire qu'il remplissait alors les fonctions d'official[7].

Baude Fastoul s'écrie dans son *Congé* :

Hé, maistre Guillaume *Reel*[8].

Reel n'est pas un nom de famille du pays ; Méon a mal lu. Le manuscrit porte *Veel*, encore qu'à première vue la minuscule initiale prête à cette confusion[9]. D'ailleurs, la liaison des idées le prouve : avant d'apostropher maître Guillaume, Baude Fastoul venait de nous dire que, dans sa nouvelle demeure, il serait désormais le commensal du chef de la famille Veel, frappé comme lui de la lèpre :

Or m'a Dix jué de rastel
Quant prendre me convient pastel
Avoec le cief des Veelens[10].

6. — Les Veel*ens* nous amènent aux Cosset*ens*, autre famille

1. *Cartul. de St.-Vaast*, codex de l'Évêché (Guiman). Procédures.
2. Bibl. d'Arras, ms. 316, p. 264.
3. B. N., ms. fr 8541, f° 27 r°, col. 2.
4. Arch. du P.-de-C. *St.-Vaast*. Chirogr. or. : « Williaumes Veaus, fius Jehan Veel, citoien d'Arras ki fu ».
5. *Ibid.*, chirogr. or.
6. Bibl. d'Arras, ms. 424. Obit. VII kal. april.—*Ibid.*, ms. 1088, f° 6 v°.
7. Arch. nat., S. 5208, n° 29 (dans P. Fournier, *Les Officialités au moyen âge* (1880), p. 303, note 5).
8. Méon, *Fabl. et Contes*, I, p. 121, v. 289.
9. B. N., ms. fr. 25566, f° 255 r°, col. 2.
10. Méon, *loc. cit.*, v. 286.

bourgeoise assez considérable pour qu'on la désignât aussi par cette sorte de gentilice[1]. SAUVALE COSSE[2], alias « Sauvales Choses d'Arras[3] », — lisez Cossé, Chosés, et en donnant à ces noms la forme normale du régime, Sawalon Cosset, — ne nous est connu que par une seule chanson. Encore plusieurs prétendants homonymes se disputent-ils la propriété de ce maigre héritage. Le *Nécrologe* des jongleurs en présente quatre décédés aux dates suivantes[4] : 1215.3[14], 1247.2[31], 1257.2[38], 1305.1[1].

On peut mettre d'accord ces bourgeois d'Arras en leur opposant un clerc de Cité, Sagualon Cosset, proche parent de maître Jean Cosset, celui-ci neveu de Jean Crespin, chanoine d'Arras, tous les trois repris dans un acte de vente de juin 1217[5].

Divers actes de 1207 et 1217 mentionnent en outre un prêt de trois cents livres gagé à son profit sur la dîme d'Agny[6].

Ce même clerc fonda une chapellenie dans la cathédrale : nous possédons cinq titres de propriété relatifs à cette fonda-

1. « Se je nome les Frekin*ois* — Ce seroit vilenie, — Ne Cosset*ens* ne Pouchin*ois* — Je ne nomeroi mie. » (A. Jeanroy et H. Guy, *Chansons et Dits artésiens du XIIIe s*. Pièce II, p. 34). — On disait aussi les Cosset*ois*, et de même les Piédargent*ois*, les Courcel*ois*, les Amion*ois*, et surtout les Crespin*ois*, cette famille de gros banquiers, ainsi désignés collectivement jusque dans les traités avec l'Angleterre (Cf. J. Richard, *Inv. somm. arch. du P.-de-C.*, t. II, p. 153, col. 2, vers 1300. — Rymer, *Fœdera*, t. III, p. 22, aº 1347).

2. *Hist. litt.*, XXIII, p. 758.

3. Dinaux (*Trouv. artés.*, p. 450) transcrit exactement la leçon du ms., mais il omet d'accentuer la dernière syllabe. Quant au *ch* = c de la première, on le retrouve dans « maistres Robiers Chosés », traduction romane du XIIIe siècle de *Magister Robertus Cosses*, dans une charte donnée par Jeanne, comtesse de Flandre, en mai 1238 (Roisin, *Coutumes de Lille*, éd. Brun-Lavainne, p. 239, 242).

4. Le *Nécrologe* divise l'année en trois termes, le premier commençant à la Pentecôte, le deuxième à la Saint-Rémi, le troisième à la Purification. C'est à l'un de ces termes que renvoient les chiffres 1, 2, 3 placés après la date de l'année dans ces références chronologiques. Les chiffres minuscules donnent le numéro d'ordre de l'inscription dans chacun des termes.

5. B. N. Moreau, t. CXXII, fº 64.

6. B. N., ms. lat. 9930, *Cart. du chap. d'Arras*. Nºs 153, 154, 160, 161 et 162 (pp. 80 rº, 80 vº, 82 rº, 82 vº, 83 rº). — Voir deux de ces pièces imprimées in-extenso dans ce même *Cartulaire*, éd. A. de Loisne, nºs 109

tion, compris entre 1252 mars n. st. et 1253 mars[1]. Il affecta aussi une somme de trente sous au casuel des distributions canoniales[2]. Son obit est inscrit au V des cal. d'avril[3].

7. — Le chansonnier ANDRIEU DOUCHE n'aurait-il pas, comme « Savale Cosse », perdu dans les transcriptions son *t* final, latent sous l'*s* de flexion du cas sujet[4] ?

Les Doucet ou Douchet de la rue de Quièvremont formaient une des grandes familles d'Arras. Baude Fastoul en nomme quatre : Robert « le chevronné », homme de guerre dont on connaît l'épitaphe en 1302; Copart « le couronné », clerc cité ailleurs en 1298; Baude porté au *Nécrologe* en 1287.1[2] et Fessart en 1289.3[3]. Sawalon, Robert son fils et Robert son petit-fils furent successivement inscrits au livre des rentes perpétuelles de Calais[5]. Copin Doucet, on l'a vu plus haut, correspondait avec plusieurs de nos chansonniers. Jean Douce ou Doucé avait des rapports semblables avec Jean Erart[6].

Cependant M. Gaston Raynaud écrit « Andrieu d'Ouche ». Cette orthographe, qui entraîne celle de Jean d'Ouce, demanderait à être justifiée, tout au moins topographiquement[7].

D'autre part, le *Nécrologe* n'enregistre aucun Andrieu Douchet avant 1323. La question d'identité reste donc pendante.

et 119. Le sommaire de celle-ci qualifie indûment Sagalon Cosset de « bourgeois d'Arras » ; les cinq chartes du ms., comme tous les autres documents où il est cité, accolent à son nom l'épithète de « clericus ».

1. B. N., ms. lat. 17737, f° 64 v°, n°s 104-108.

2. Bibl. d'Arras, ms. 1088, f° 37.

3. *Ibid.*, ms. 290. Obit. V kal. april.

4. Dinaux, *loc. cit.*, p. 72 — *Hist. litt.*, XXIII, p. 526.

5. Méon., *Fabl.*, I, p. 127, v. 457. — Cf. Ferreoli Locrii *Chron. Belgicum*, p. 444. — Arch. du Nord, ch. des comptes. Registre A, 60. — Den. Godefroy, *Inv. des chartes d'Artois*.

6. *Hist. litt.*, XXIII, p. 648.

7. G. Raynaud, *Bibliographie des chansonniers français*, t. II, à la table. — Cette même table nomme CARASAU, l'auteur inconnu de quelques chansons dont la rubrique porte CARASAUS. Ce nom me paraît un sobriquet : CAR AS AUS (chair à l'ail). Le ms. (B. N. fr. 844, f° 184 v°) l'écrit en trois mots. L'*s* finale ne serait donc pas une flexion du sujet et ce nom composé devrait rester invariable. Le sobriquet s'explique d'autant mieux que ce

8. — Trompé par un air de famille plus spécieux que philologique, Dinaux avait confondu avec le « Sauvale » ci-dessus SAUVAGE D'ARRAS, auteur d'une fantaisie satirique sur *Dame Guile* et vraisemblablement du *Doctrinal* qui porte son nom[1].

P. Paris a fait justice de cette assimilation et séparé les deux personnages, sans donner toutefois sur cet autre poète artésien aucune indication biographique[2]. Ici le *Nécrologe* nous vient en aide. La dixième inscription du terme commençant à la Pentecôte 1305 porte : « Au Sauvage le trouvère[3]. »

Sauvage d'Arras ne serait donc pas le contemporain du chansonnier de Béthune, son homonyme[4] : celui-ci appartient au deuxième tiers du siècle, l'autre au dernier.

9. — Un clerc bigame quelque peu bohême, le neveu d'Adam de la Halle, et qu'à ce titre l'auteur du *Jeu de la Feuillée* n'a eu garde d'oublier dans sa revue satirique[5] de la famille, JEAN MADOS serait sans doute tout surpris de se voir ici en compagnie aussi respectable.

Il doit cet honneur à sa parenté autant qu'aux quelques vers où il nous raconte comment, ayant fini en 1288 un long travail de copiste, il en alla fêter l'explicit à la taverne[6]. Fatale équipée ! lui aussi y trouva sa fin : c'est ce que nous apprend un synchronisme du *Nécrologe*[7].

chansonnier appartenait à la domesticité de Baudouin III, comte de Guisnes. Il est inscrit dans son testament du 9 janvier 1245 pour une somme de dix livres, à la suite de Jean le ménestrel gratifié du double. Je n'ai rencontré Carasaus nulle part ailleurs (Voir Duchesne, *Gand et Guines*, preuves, p. 283).

1. Dinaux, *loc. cit.*, p. 430.

2. *Hist. litt.* XXIII, p. 758 (Cf. *ibid.* V. Le Clerc sur le *Doctrinal Sauvage*, p. 240).

3. 1305. 1[10], f° 35 r°, col. 2.

4. *Hist. litt.*, XXIII, p. 757. — Dinaux, *loc. cit.*, p. 436.

5. Édit. Monmerqué, v. 470.

6. Dinaux, *loc. cit.*, p. 321. — B. N. ms. fr. 375.

7. Fol. 37 r°, 1287.3[17]. — Cf. *Le Moyen Age*, ann. 1901, p. 198 et note.

10. — En 1294 (1[8]), le même document enregistre Nievelot Amion, d'une famille bourgeoise non moins importante que les autres déjà signalées. Deux homonymes l'avaient précédé dans les listes mortuaires, l'un en 1248 (2[21]), l'autre en 1279 (2[2]).

Auquel des trois, ou plus vraisemblablement, auquel des deux derniers en date faut-il attribuer le *Dit d'amour?* La question en est là[1].

Henri Amion, le clerc, nommé dans le *Congé* de Fastoul, cité dans les mss. comme auteur d'une chanson et tenant le second rôle dans plusieurs jeux partis, n'a pas laissé d'autre souvenir[2].

11. — Rikier Amion, le clerc du *Jeu de la Feuillée,* est de ces trois congénères celui que nous connaissons le mieux[3]. Il était fils d'un autre Riquier Amion, celui-ci riche bourgeois d'Arras, échevin en 1222[4], propriétaire d'un manoir à Méaulens en 1239[5], lequel, devenu veuf en 1237[6], mourut en 1249[7].

« Richerus[8] Amions clericus » lui succéda. Il est porté au cueilloir des rentes foncières de 1261 comme propriétaire de deux maisons contiguës situées dans la petite rue Saint-Jean en face de l'église, près de l'ancienne maison paternelle, que possédait alors Wagon Wion dans la grande rue[9].

Un autre document original nous apprend que « Rikerus dictus Amions de Attrebato, clericus, filius Rikeri quondam dicti Amions, civis Attrebatensis defuncti », acquéreur d'un

1. Dinaux, *loc. cit.*, p. 356. — *Hist. litt.*, XXIII, p. 612.
2. *Hist. litt.*, XXIII, p. 614.
3. *Ibid.*, p. 612.
4. *Cartulaire de Saint-Vaast* (Guiman), codex de l'Évêché, pièces de procédures. — Bibl. d'Arras, ms. 316, p. 1.
5. Arch. du Nord, *Premier cartul. d'Artois*, p. 132.
6. *Nécrologe*, fol. 16 v°, col. 1, 1237.2[17].
7. *Ibid.*, fol. 21 r°, col. 2, 1248.3[33].
8. Ailleurs « Rikerus », et dans le *Nécrologe* indifféremment « Richier, Rikier ».
9. B. N., lat. 10972, f° 30-31. — C'est à ce dernier que Jean le Cuvelier adresse une chanson publiée par Dinaux, p. 317.

terrain au « pouvoir » de Saint-Vaast en Cité, y faisait bâtir une maison en juin 1277, construction qui ne tarda guère à le brouiller avec l'autorité épiscopale[1].

La façade en effet débordait sur la rue, et comme aucune autorisation n'avait été demandée, l'évêque, seigneur voyer de toute la Cité, même dans les juridictions enclavées, en exigeait la démolition. Une transaction intervint cependant, par laquelle il se contenta d'un commencement d'exécution accompagné de la reconnaissance formelle de son droit[2].

Maintenant, faut-il prendre au sens littéraire l'appréciation ironique que l'auteur du *Jeu de la Feuillée* met dans la bouche d'Adam:

> N'est mie Rikiers Amions
> Bons clers et soutiex en sen livre ?

La réplique ne permet guère de s'y méprendre :

> Oïl, pour deus deniers le livre[3];
> Je ne voi qu'il sache autre cose.

Cette boutade ne peut s'adresser qu'à un comptable dont toute la science consisterait dans l'application d'un tarif fiscal ou professionnel. Rikier praticien, receveur de taxes, plus vraisemblablement financier ou « usurarius publicus », on ne sait au juste, ne fut certainement pas un poète : « sen livre » devait être un livre de caisse.

Rikier mourut vers 1287, laissant une veuve, « Ghertru » de Beaumont, inscrite au *Nécrologe* en 1292.3[10]. Par elle, il était allié à Pieron Poucin, mari de Fane de Beaumont, morte le 28 mai 1285[4].

1. Arch. du Pas-de-Calais. *Saint-Vaast*, pouvoir des Maus, orig.
2. Cartul. de l'Évêché, f° 184 r°, n° CCXXVI.
3. Monmerqué et Fr. Michel, *Théât. fr.*, p. 56, traduisent : « Oui, je *le livre* pour deux deniers », interprétation suivie par M. Henri Guy dans son *Essai sur Adan de le Hale*, p. 449, note. Je comprends : « Oui, pour deux deniers *la livre*, là se borne tout son savoir. »
4. Bibl. d'Arras, ms. 874, p. 204. Cf. H. Guy, *loc. cit.* — Toute la famille était dans la finance. Par acte de sept. 1271, on voit Tibaut Amion,

12. — On a voulu rattacher à cette même famille un autre clerc artésien auteur de sept chansons, adversaire de Bretel dans deux partures. L'*Histoire littéraire de la France* n'en dit qu'un mot et le nomme GUADIFER D'ANIONS[1].

Dans une notice plus complète sur cet inconnu, M. Louis Passy, observant qu'il n'existe en Artois aucun endroit nommé Anions, que, d'autre part, lire Guadifer d'Anjous serait supposer à cet Artésien des origines invraisemblables, tranche la difficulté en le baptisant d'un nom emprunté à la bourgeoisie d'Arras, Guadifer Amions[2].

M. Gaston Raynaud ne pouvait prendre avec le texte cette liberté grande; il s'est contenté de reproduire le nom tel quel dans son précieux travail bibliographique, en lisant Guaidifer d'Anjous.

Cette double interprétation du même mot, Anions et Anjous, a pour source unique et commune le texte du ms. de Berne, dont la vraie leçon est Guaidifer d'Avions[3].

Avions, — aujourd'hui Avion, près de Vimy, à 14 kil. d'Arras, — était une des pairies de la châtellenie de Lens. Nos chartes mentionnent au XIIe siècle Lambert et Guiffroy d'Avions[4], Roger et Raoul d'Avions, frères[5]; au XIIIe, Werin, Pierre[6], Gautier d'Avions, celui-ci chanoine de Cambrai et prévôt de Saint-Géry en 1250[7].

bourgeois d'Arras, fils de feu Rikier Amion (conséquemment frère de Rikier Amion, le clerc), prêter de l'argent à trois chevaliers des environs d'Arras, Bibl. d'Arras, ms. 291, p. 9, et *Mém. pour MM. Briois*, preuves, 1re partie, p. 15 (1780). — Le *Nécrologe* enregistre Tibaut en 1290.2°, ainsi qu'une fille de Rikier décédée en 1272.1°°.

1. T. XXIII, p. 605.
2. *Bibl. de l'Éc. des chartes*, 4e série, t. V, p. 333.
3. Gaston Raynaud, *Bibliogr. des chansonniers français des XIIIe et XIVe siècles*, t. I, p. 31 (Berne, ms. 389, fo 231 vo). — Cf. W. Wackernagel, *Altfranzösische Lieder u. Leiche*, p. 95).
4. B. N., lat. 9930, no 87, fo 45 ro.
5. Arch. du Nord, *Anchin*, ch. de Godescal, 1162.
6. Bibl. d'Arras, ms. 672, p. 42, 146.
7. Arch. du Nord, *Anchin*, ch. de 1250 août. — Cf. Demay, *Sceaux de Flandre*, nos 6259 et 6391.

La même année, Jean d'Avions scellait une convention avec l'abbaye d'Anchin, relativement à des terres situées entre Salau, Avion et Méricourt[1].

C'est à lui que Jean de Renti adresse une de ses chansons :

> Le rousignolés jolis
> Ke j'och chanter sour la branche, etc.
> ....

Envoi :
> Chançons, sans demours va t'ent,
> Garde plus n'atarge;
> Droit à Avions te nage,
> A bon Jehan di :
> Nus n'a joie s'il n'a cuer joli[2].

Mais Jean n'est pas Gadifer. Ce nom familier à plusieurs de nos romans de geste et que l'on rencontre dans diverses familles du Nord[3], nous ne l'avons trouvé nulle part associé au toponyme « d'Avion ». C'est assez dire que, s'il est rapatrié, notre clerc n'est pas encore identifié.

13. — JACQUES LE VINIER fut, comme le précédent, contemporain de Bretel; il vivait donc, non vers la fin, mais dans le second tiers du siècle[4].

On le dit clerc sur la foi du manuscrit du Vatican, qui inscrit au nom de « maître Jacques » une prière à la Vierge que les

1. Demay, *ibid.*, n° 475.
2. B. N., fr. 12615, f° 173 v°.
3. Gadifer est la forme artésienne, que le copiste bourguignon du ms. de Berne a changée en Gaidifer (Guaidifer), de même qu'il écrit Braibant, Navaire, Jaikes, Gerairs, etc., au lieu de Brabant, Navarre, Jakes, Gerars et Ares (Arais) pour Arras. Ce nom est emprunté aux chansons de geste, *Perceforest*, *Alexandre*, *Garin*, etc. Il était le surnom des de Beauffremez, bâtards de Wavrin (*Reg. de bourg. de Lille*, 1293), et celui de Baude de Boubers, écuyer d'Artois (Arch. du P.-de-C., *Artois*, 1329, 1340, 1348). Gilles Gadifer était prévôt d'Arrouaise en 1299 (D. Gosse, *Hist. d'Arrouaise*, p. 219). Un instrument du 3 juin 1301 cite Alard Gadifier, clerc (Arch. du Nord, *Cath. de Cambrai*) Regnier Gadifier fut bailli de Béthune en 1364 (Ancien *Inv. des ch. d'Artois*, n° 808).
4. *Hist. litt.*, XXIII, p. 589.

autres manuscrits attribuent avec plus de vraisemblance à maître Guillaume le Vinier[1].

Il se pourrait que cette confusion de propriété eût amené une usurpation de titre et que le « maître Jacques » du Vatican fût simplement Jacques, un laïc, ou, si l'on veut, un ancien clerc laïcisé, ce qui revient au même.

Toujours est-il qu'en dehors du nom rien ne semble le rattacher ni à maître Gilles, ni à maître Guillaume le Vinier, les deux frères dont nous avons parlé ailleurs[2].

En revanche, un Jacques le Vinier se rencontre dans la bourgeoisie. Le *Nécrologe* l'inscrit deux fois, en 1256 et 1293[3]. Cette dernière date serait plus vraisemblablement applicable au contemporain de Bretel, sans qu'on puisse cependant rien garantir.

14. — L'année suivante, déjà signalée plus haut par le décès de Névelot Amion, mourait à Arras, dont il faisait sa résidence depuis au moins vingt ans, un personnage d'ailleurs étranger à l'Artois par sa famille et sa naissance : on l'appelait indifféremment Œude de Paris, Œude de Saint-Germain et plus spécialement Œude de la Corroierie — Odo de Corrigiaria.

Maître Œude était clerc et procureur de Robert II, comte d'Artois, qui, dès le 30 juin 1270, à la veille de s'embarquer avec saint Louis pour la croisade, l'envoyait d'Aigues-Mortes en mission auprès du pape sous le sauf-conduit du roi[4].

Depuis lors, on voit ce clerc mêlé jusqu'à sa mort à toutes les affaires de l'administration comtale[5]. Son codicille antémortuaire du 2 juin 1294 nous apprend qu'il était veuf d'Éme-

1. G. Raynaud, *op. cit.*

2. *Bulletin hist. et philologique*, année 1894.

3. 1256.1[25], f° 23 r°, col. 1. — 1292.3[4], f° 32 r°, col. 2. — On peut citer un troisième Jacques le Vinier, homme de fief du comte d'Artois en 1285 ; il avait alors trente-neuf ans (Arch. du P.-de-C., *Inv. Godefroy*).

4. Arch. du P.-de-C., *Inv. somm. A.*, t. I, p. 32.

5. *Ibid.*, t. I, pp. 37, 38, 39, 40, 41, 42, 46, 48, 54, 59, 60, 154, 158 ; t. II, pp. 179, 180.

lina, laquelle lui avait donné trois enfants. Il avait en outre deux filles naturelles de Jeanne de Gouy, au profit desquelles, leur mère comprise, il constitue des rentes viagères[1].

Si j'entre dans ces détails, c'est qu'il nous est parvenu cinq chansons d'amour sous le nom d' « Œde de la Corroirie[2] », et que cette vague dénomination d'auteur se trouve ici personnalisée pour la première fois dans un clerc d'Arras.

Il se présente cependant une difficulté. D'après l'*Histoire littéraire*, cet Œude fut l'ami de Gasse Brulé. Or le trouvère champenois, suivant une ancienne tradition, aurait été le contemporain et l'émule de Thibaut, le roi de Navarre, né, comme on le sait, avec le siècle, mort à cinquante-trois ans : données chronologiques qui ne se prêtent déjà pas sans quelque tiraillement à l'hypothèse des rapports d'amitié prétendus entre Gasse et le clerc d'Arras.

Mais si, d'après toutes les vraisemblances, Gasse appartient au XIIe siècle, comme P. Paris le suppose dans sa notice[3], alors il devient manifeste que les rapports personnels qu'il constate n'ont jamais pu exister entre nos deux chansonniers.

Quel peut donc être le mot de cette énigme?

Nous le trouvons à la fin de quelques-unes des chansons de Gasse, où l'auteur confie son message d'amour à un de ses familiers qu'il nomme Odin :

Odin, s'ele ne m'aïe
Puis ke jou l'aim tant et croi,
Voirs est k'amours me saigne.

Odin proi et mant et devis
Ke ceste cançon die
A cels k'il saura ententis
D'amer sans trecherie.

Odin, ce saichiés de voir
Ke nul autre ne voil avoir.

1. Arch. du P.-de-C., *Inv. somm. A.*, t. I, p. 62.
2. *Hist. litt.*, XXIII, p. 663.
3. *Ibid.*, p. 567.

Odin, lonc tans l'a assise
Gasses, ki tant l'aime et prise[1].

C'est évidemment de cet *Odin* qu'on a fait Œude de la Corroierie, hypothèse toute gratuite qui s'évanouit devant la précision des dates.

II

Cette première partie de notre enquête a porté de préférence sur les clercs, autant du moins qu'un signe extérieur nous les a signalés ; car pour ceux qui, renonçant à la cléricature, rentraient dans le courant de la vie civile, à moins de quelque révélation accidentelle, rien ne laisse deviner leurs antécédents et ne permet de les distinguer du reste de la bourgeoisie.

Revenant maintenant en arrière, nous allons passer en revue nos principaux chansonniers laïques, en essayant d'ajouter quelques nouvelles indications à leurs esquisses biographiques.

15.— HUE, CHATELAIN D'ARRAS, auquel les manuscrits attribuent deux chansons, dont l'une sur son départ pour la croisade[2], succéda, comme fils aîné, à Bauduin, fils de Bauduin, châtelain d'Arras antérieurement à 1200. Lui-même n'apparaît dans cet office qu'en 1213[3]. Trois ans après, il fait campagne en Angleterre avec le prince Louis, fils de Philippe-Auguste et seigneur d'Artois. On le perd de vue à partir d'un acte d'avril 1219, où il figure comme témoin de la vente de la dîme de Fontaine au chapitre d'Arras par Alard, seigneur de Croisilles[4].

Bauduin, vraisemblablement son fils, lui avait succédé dans la châtellenie avant 1232. Dix ans plus tard, il mourait de ma-

1. B. N., fr. 12615, f° 160 v°, 163 r°, 165 r°.
2. Dinaux, *Trouv. artés.*, p. 257. — *Hist. litt.*, XXIII, p. 616.
3. Bibl. de l'évêché d'Arras, *Registrum kartarum*, etc., n° CCCCXLI.
4. B. N., ms. lat. 9930 : *Cartul. du chapitre d'Arras*, f° 86 r°, n° 174.

ladie dans l'expédition de saint Louis contre le comte de la Marche et les Anglais[1].

L'office de châtelain échut alors à Jean d'Arras, frère aîné du défunt, que son sceau apposé à une charte de cette même année qualifie de châtelain d'Arras, bien que dans le texte il ne prenne pas ce titre[2].

Des documents de 1257 et 1268 mentionnent deux autres frères de Bauduin, messire Robert d'Arras, chevalier, et messire Hue d'Arras[3].

Dinaux, dans sa notice, confond les dates, les châtelain et même les châtellenies.

Le *Congé* de Fastoul, en effet, n'a pu saluer le châtelain Hugues : il était mort depuis trente ou quarante ans[4]. — Gilebert de Berneville n'a pas non plus envoyé sa chanson au châtelain d'Arras, mais au châtelain de Beaumetz[5]. Vilain d'Arras s'adresse bien quelque part à Hue d'Arras[6], mais il s'agit sans doute de ce messire Hue signalé tout à l'heure dans un titre de 1269, le même que l'on voit ailleurs pris pour juge d'une parture entre Ferri et Bretel[7] et soutenir à son tour un jeu parti contre Robert [de le Pierre ?][8].

Les synchronismes nous autorisent de même à identifier

1. Ph. Mouskés, *Chron.*, V, 31, 125.

2. *Sigillogr. de la ville d'Arras* (1865), p. 4, n° 22, et pl. IV, 1.

3. Arch. du P.-de-C., *Trés. des chartes*, A 13, 16 oct. 1257. — Arch. du Nord, *Vaucelles :* Vente faite à l'abbaye de Vaucelles par le sire de Coucy, 1 oct. 1268. — On trouve aussi *Hugo de Attrebato*, chanoine de Saint-Amé en Douai, dans une charte d'avril 1265. *Ibid. Saint-Amé.* — Son sceau porte les armes des châtelains d'Arras brisées d'un lambel à cinq pendants.

4. Bodel salue le « Castelain et Bauduin son fils méisme » (Méon, t. I, p. 150). Il y a là un problème relatif à la transmission de la châtellenie, dont la solution intéresse au plus haut point la chronologie du *Congé*. M. Gaston Raynaud voit dans ce châtelain un Huon de Saint-Omer avec lequel il ne peut rien avoir de commun. *Romania*, t. IX, p. 221).

5. A. Scheler, *Trouv. belges*, I, p. 56.

6. Dinaux, *loc. cit.*, p. 470.

7. L. Passy, *Bibl. de l'Éc. des chartes*, 4e série, t. V, p. 344.

8. Dinaux, *loc. cit.*, p. 241.

HANIN D'ARRAS, un des correspondants littéraires du chansonnier Jacques de Cisoing, chevalier, seigneur d'Angres, avec notre Jean d'Arras, qui desservit la châtellenie à partir de 1242[1].

16. — On comprend du reste l'incertitude qui s'attache à l'interprétation de ce surnom « d'Arras », tantôt féodal et propre à la famille de nos châtelains, tantôt banal et commun à des familles quelconques le plus souvent émigrées, et concurremment usité comme simple déterminatif individuel.

Que penser par exemple de VILAIN D'ARRAS ? Se rattache-t-il à nos châtelains, comme Vilain de Meisencouture aux châtelains de Beaumetz[2] ? Est-ce un de nos bourgeois, que l'ignorance de son prénom nous empêche d'identifier[3] ? Ou bien Vilain ne serait-il qu'un nom de guerre, c'est-à-dire de camaraderie littéraire ou autre, comme Frekin, Garet, Cabot, Dragon, etc., pseudonymes artésiens de la même époque ?

17. — Ce dernier cas est assurément celui de MONIOT D'ARRAS[4], un de nos meilleurs et de nos plus anciens trouvères. Dans un jeu parti qu'il soutient contre Guillaume le Vinier, celui-ci l'appelle « moine » et fait allusion à son stage dans une abbaye :

Moines, ne vous anuit pas,
N'a fors que gieu en mes dis ;
De l'abéie me faz
Et vous en fustes jadiz.
. . . .
Moines, du séjour d'Arraz
Muet qu'estes si soursailliz. . . .[5]

1. *Hist. litt.*, XXIII, p. 632.
2. Arch. du Nord, *Anchin*. Charte confirmative des donations de « Hugo castellanus de Bellomanso » et « Villanus, miles de Meinsendis cultura » — 1190.
3. Le *Nécrologe* enregistre une dizaine de décès sous ce nom de Vilain avec les prénoms Waltiers, Robert, Pierre, Jean, Baude, Jakemon, Huon, Ansiaus.
4. *Hist. litt.*, XXIII, p. 689.
5. B. N., ms. fr. 844, f° 114 v°.

On ne connaît donc pas le vrai nom de famille de Moniot; ce sobriquet nous rappelle seulement, sinon sa profession, du moins son noviciat monacal : c'est trop peu pour nous mettre sur la voie de ses origines.

18. — La maison de Croisilles était une des plus anciennes et des plus nobles d'Artois. Comme on l'a vu plus haut, Alard en était le chef en 1219. Il avait pour frère Renaud de Croisilles, chevalier comme lui, tous deux combattants de Bouvines[1]. Renaud était marié à Ermentrude, dame de Cans, qu'il laissa veuve avec trois fils, Alart, Renaut et Jean, les deux premiers qualifiés chevaliers dans un acte de 1235[2].

Messire Alart de Cans, l'aîné de cette branche cadette de Croisilles, n'est autre que le trouvère dont le nom lu « de Caus » et interprété « de Caux » ne pouvait qu'égarer les conjectures de la critique[3]. La seigneurie de Cans, *de Campis*, qui lui a donné son nom, est située à Coutiches, dans le voisinage immédiat d'Orchies[4].

L'œuvre d'Alart de Cans appartient donc à la première moitié du XIIIe siècle et non à la fin du XIIe, et ce n'est pas à la croisade de 1197, c'est à celle de saint Louis en Égypte que pourraient se rapporter ses adieux « aux bonnes gens d'Arras ».

Est-il certain d'ailleurs que la campagne à laquelle son serventois fait allusion soit nécessairement une expédition d'outremer? S'adressant à sa dame, il lui dit :

1. L. Delisle, *Catal. des actes de Ph.-Aug.*, n° 1358.

2. Arch. du Nord, *Abb. des Prés :* Acte de vente du bois de la Caignerie à l'abbaye des Prés par Ermentrude et ses fils. Mars 1234, v. st. Orig. — Autres actes des mêmes, juillet et octobre 1239 et janv. 1244, v. st. — *Ibid. Abb. d'Anchin :* Acte d'Alard de Croisilles, chevalier, seigneur de Cans, approuvant une vente. 1233, feria tertia post oct. Epiphanie. Orig., sceau rond, écu aux armes pleines de Croisilles : *dix losanges 3, 3, 3 et 1* (Cf. B. N., Moreau, vol. CXLIII, p. 65).

3. *Hist. litt.*, XXIII, p. 522.

4. F. Brassart, *Arrondiss' de Douai*, dans la *Statist. archéol. du départ. du Nord*, Lille, 1867, p. 653.

Se li cors va, pour son Seigneur, mal traire,
Mon cuer avés, qui ne s'en puet retraire[1].

« Pour son Seigneur, » ainsi imprimé avec majuscule, signifie « pour son Dieu » : c'est la croisade. Mais une minuscule laisserait comprendre « pour son suzerain », et telle est, je crois, la pensée du chevalier poète : son corps au service de son roi, son cœur à celle qu'il aime.

L'envoi de la pièce à Copin Doucet concourt à en déterminer la date : sa veuve est nommée dans un acte de 1265[2] et enregistrée au *Nécrologe* en 1273. Copin, autrement dit Jacques Doucet, vivait encore en 1261[3].

Il est également le destinataire d'une chanson que se disputent Robert de le Pierre et Gilebert de Berneville, adjugée à ce dernier dans le recueil d'Aug. Scheler[4], — ceci à noter pour les synchronismes.

19. — Un nom qui brille au premier rang parmi les trouvères de cette époque est celui d'Audefroi le Bâtard. A la haute culture littéraire qu'on s'accorde à lui reconnaître, il joint le mérite d'avoir rompu dans ses romances ou chansons de « toile » avec la monotonie des chansons d'amour. On serait donc plus particulièrement désireux d'être renseigné sur ce novateur, qui importa dans le Nord le genre de poésie où il excella.

Tout ce qu'on sait de lui se borne à bien peu de chose : d'abord une donnée chronologique encore vague, mais très précieuse, en ce qu'elle permet de placer en 1225 ou environ la composition d'une de ses chansons, ensuite ses relations amicales avec Jean de Nesles, châtelain de Bruges, le seul de ses contemporains qu'il ait nommé.

Le reste est purement conjectural. On le croit d'Arras, parce

1. *Hist. litt.*, XXIII, p. 523, vers 13.
2. *Inv. des chartes de la ville d'Arras*, Doc. XXXIII, p. 34.
3. B. N., ms. lat. 10972, f° 41 r°.
4 *Trouv. belges*, p. 104.

que cette ville était alors le centre littéraire de la région et surtout que, parmi les Artésiens cités dans les chartes et les poésies du temps, se rencontrent fréquemment des Audefroi[1].

Arras possédait en effet, dès le milieu du XIIe siècle, une importante famille bourgeoise de ce nom, qui se prolonge dans le XIIIe[2]. Un de ses membres fut échevin en 1208 et 1213[3]; à cette dernière date, il est qualifié « seigneur ».

Cependant un des Louchart, autre famille tout aussi importante et non moins échevinale, avait pour prénom Audefroi; et comme dans les relations journalières le prénom suppléait le nom, cette homonymie n'est pas sans causer aujourd'hui quelque incertitude et des méprises[4].

Audefroi le Bâtard, quoi qu'on ait supposé, n'a jamais fait partie de l'échevinage: son état civil le rendait inéligible. Mais si on en fait un indigène, — ce qui reste encore à prouver — rien n'empêchera de le rattacher avec Dinaux à l'ancienne famille artésienne dont il portait le nom : à juger du XIIIe siècle par ceux qui suivent, les bâtards, en effet, ne devaient pas manquer dans notre haute bourgeoisie, ni ailleurs.

1. Dinaux, *Trouv. artés.*, p. 101.

2. Le cueilloir des rentes foncières de l'abbaye de Saint-Vaast inséré en 1170 par Guiman dans son *Cartulaire*, inscrit dix maisons dans Arras au nom de Gérard Aldefroiz et de Nicolas Aldefroiz (pp. 204, 222, 227, 232, 233 — 206, 210, 211, 235, 236). — Hellin Audefrois était chanoine d'Arras en 1233 et 1238 (Cart. Guiman, codex de l'Évêché, suppl., n° 660). Un autre Hellin Audefroi, bourgeois d'Arras (*ibid.*, n° 610) est inscrit au *Nécrologe* en 1257.2[12].

3. Arch. du Nord, *Anchin*, charte orig. de Walterus de Noella. — Févr. 1200. — Arch. nat. S. 5208, chirogr.

4. L'Audefroy que Dinaux relève (*Trouv. art.*, p. 101), dans une pièce satirique qu'il publie (p. 158), en l'attribuant par méprise à Courtois d'Arras, est, selon toute vraisemblance, Audefroi Louchart, l'échevin de 1253, banquier dès 1244 (*Cartul. de Saint-Lambert de Liège*, t. I, p. 466, 490, 517), salué par Fastoul dans son *Congé* (Méon, v. 73 et 350), cité pour sa richesse dans un jeu parti de Gilebert de Berneville (*Trouv. belges*, p. 125), choisi pour juge dans un grand nombre de partures, qui le nomment « sire d'Audefroi », « Audefroi », « Audefroi Loucart » (L. Passy, *loc. cit.*, p. 321). Le *Nécrologe* enregistre sa mort en 1273.1[24].

Est-ce à dire qu'Arras en eût le monopole? Assurément non, pas plus des bâtards que des Audefroi. Douai, sans aller bien loin, possédait d'ancienne date les uns et les autres. « Les Audefroy, dit M. Brassart, appartiennent à la plus vieille bourgeoisie douaisienne et figurent à l'échevinage dès l'année 1217[1]. »

Donc, dans l'état actuel de la question, cette dernière ville pourrait, au même titre que sa voisine, prétendre à la possession du trouvère.

Le *Nécrologe*, heureusement, prévient toute compétition possible, en même temps qu'il ajoute une date nouvelle aux données chronologiques déjà connues.

Au terme compris entre la Purification de 1259 et la Saint-Rémi précédente, vers le mois de janvier, on trouve au folio 23 v° du manuscrit :

Bast: fē Audefroi

Je lis « Bast[*art*] fe[*me*] Audefroi », inversion qu'on rencontre à chaque page, au lieu de « femme Audefroi le Bastart ».

Des deux signes d'abréviation, l'un est normal; l'autre, en forme de point et virgule retourné, est spécial au scribe, qui s'en sert après les noms dont il a retranché la dernière syllabe, ou supprimé, soit l'article, soit la particule. Les exemples abondent; on en peut relever une douzaine dans le seul feuillet de cette même inscription[2].

L'hypothèse est donc vérifiée; Audefroi, marié, habitait Arras, dont il était vraisemblablement originaire. Quant à sa carrière littéraire, encore bien qu'il ait dû naître à la fin du

1. F. Brassart, *Hist. de la châtellenie de Douai*, t. II, p. 729 (1877).

2. *Vin:*, le Vin[ier] — *Ries:*, du Ries — *Bos:*, du Bos — *Dent:*, au Dent — *Cerf:*, du Cerf — *Pré:*, du Pré — *Noirs:*, li Noirs — *Fam:*, de Fam[pous] — *Bap:*, de Bap[aume] — *Cras:*, li Cras — *Sac:*, au Sac — *Carpent:* Carpent[ière] — *Paus:*, as Paus — *Hu:*, Hu[luc].

Bast: ne se trouve nulle part ailleurs, non plus que *Bastart*, dans les colonnes du *Nécrologe*.

XIIe siècle, elle appartient tout entière au XIIIe, et paraît même s'y prolonger au delà des limites qu'on lui avait supposées d'abord.

20. — Parmi les professionnels de la rime à la recherche d'une patrie, on remarque au premier rang JEAN ERART, qui se distingua surtout dans la pastourelle.

Parce qu'il adresse une de ses chansons au duc de Brabant, Dinaux l'a inséré au catalogue de ses *Trouvères brabançons*[1]. Cependant ses autres envois à Jean Bretel, Guillaume le Vinier, Robert Crespin, Jean Douce, Pieron et Wagon Wion feraient bien plutôt croire qu'il était Artésien[2].

Nous trouvons en effet une famille de ce nom représentée par une dizaine d'inscriptions au *Nécrologe* à partir de 1200; et dans les plus récentes, à des dates très rapprochées, figurent deux Jean Érard, l'un mort en 1258.2[12], l'autre en 1259.1[10].

Or, cette même dualité est précisément indiquée dans les manuscrits, où certaine pièce est attribuée à Jean Érard *le jeune*[3].

Quoi qu'il en soit de cette coïncidence, la double inscription ci-dessus nous fournit sur la famille Érart la seule donnée vraisemblable qu'on ait encore rencontrée.

21. — Messire ANDRIEU CONTREDIT, ou Andrieu d'Arras, nous appartient sans conteste : ses envois au puy, ses chevauchées et ses prouesses galantes aux alentours de cette ville, où il ramenait triomphalement en croupe le butin conquis[4], ce

1. P. 456.
2. *Hist. litt.*, XXIII, p. 648.
3. Gaston Raynaud, *Bibl. de l'Éc. des chartes*, t. XL, p. 48: Le chansonnier Clairambault, n° 317. — *Le jeune*, junior, désigne le fils, comme *le vieux*, senior, se dit du père.
4. Si du moins, sur la foi du vers « Andrieu sui qui maine goié », on peut attribuer à Contredit la vingt-troisième pastourelle (anon.) imprimée par F. Michel : « L'autr'ier quant chevauchoie — Tout droit d'Arras vers Doai. — Une pastore trouvoie, etc... Seur mon cheval l'encharjai.... Droit en Arraz l'enportai, etc. » — Il signe de même une de ses chansons :

nom d'origine surtout qu'ils substituait au sien, tout caractérise en lui l'Artésien, en même temps que l'homme de guerre — en temps de paix.

Le *Nécrologe* a inscrit trois fois ce nom de famille caractéristique : Contredit 1207.2[8], Contredite femme Andrieu 1225.1[11], Contredis Andrius 1248.1[17].

Devant cette date tomberait l'hypothèse qui a fait de Contredit le « mon segnieur Andrieu », auquel Fastoul, dans son *Congé*, demande un asile pour lui et sa compagne[1]. Le synchronisme est d'ailleurs parfait entre Contredit et Guillaume le Vinier, son ami, mort en 1245.

Marie de Drignan, alias Dergan[2], Desgan[3], est un nom estropié pour Dieregnau, Diergnau, Dergnau, faubourg de l'ancien Lille, avec château féodal dont la place actuelle dite « des Reignaux », indique la situation.

Philippe de Dergnau, chevalier, est cité dans bon nombre de chartes de 1224 à 1237[4]. C'est certainement dans son entourage immédiat que vivait cette Marote de Dergnau avec laquelle Andrieu Contredit entretenait un commerce de galanterie tout au moins littéraire.

22. — ROBERT DE LE PIERRE marche en tête des joyeux compagnons nommés dans une pièce satirique bien connue, où le bon Dieu souffrant est censé descendre du ciel pour venir se récréer à une audition des motets d'Arras.

« Andrieu sui qui l'amerai. » — *Hist. litt.*, XXIII, p. 525. *Théâtre fr. au moyen âge*, p. 45.

1. Méon, *Fabl.*, I, p. 122.

2. *Hist. litt.*, XXIII, p. 524 et 658, 659.

3. Dinaux, *Trouv. art.*, p. 68.

4. *Inv. anal. et chron. des chartes de la ch. des comptes*, n°s 397, 618, 623. — Arch. du Nord, *Abb. des Prés*, orig., oct. 1232 — *Saint-Géry de Cambrai*, orig., sept. 1235 — *Anchin*, orig., mai 1237. — Une Marotain de Diergnau est inscrite aux comptes annuels des rentes à vie dues par la ville de Lille de 1301-1302 à 1350-1351. On trouve dans le premier ce nom exceptionnellement écrit « Diergau », ce qui explique l'altération qu'il a subie antérieurement dans les mss. des chansons.

En examinant l'édition nouvelle de cette bouffonnerie dans une récente publication de MM. Jeanroy et Guy, j'ai rappelé que le nom de ce chansonnier était inscrit sur la liste échevinale de 1255[1].

J'ajoute que notre échevin ne survécut que trois ans à sa magistrature. Le *Nécrologe* enregistre en 1257.3[23] « Cauta[2] Robers de le Pierre ». Il mourut donc au printemps de 1258.

Cependant M. Louis Passy, dans la très intéressante étude sur nos trouvères que nous avons déjà citée, date de 1271 un jeu parti soutenu par Robert de le Piere contre Bretel, indication qui lui aurait été fournie par la pièce elle-même[3]. Que faut-il donc penser de cette discordance?

L'alternative proposée par Bretel au choix de son adversaire est celle-ci : Ou possession immédiate de sa dame en soupçonnant sa fidélité, ou deux mois d'attente avec la certitude d'un amour loyal.

Robert préfère attendre. « Le terme est bien long, dit-il, mais l'espoir me soutiendra

Desi au jour qi tant est désirés,
Et qant venra si ere rois couronés ».

« Ce derniers vers, lisons-nous dans le commentaire, indique » la date de cette pièce (1271) et les sentiments de l'auteur. Le » roi dont il attend le couronnement avec une si vive impa- » tience ne peut être que Philippe le Hardi. »

1. *La Satire à Arras au XIIIe siècle*, p. 17. — Cette facétie est indûment attribuée à Courtois d'Arras par M. L. Passy, *loc. cit.*, p. 466, et par M. Gaston Raynaud, *Bibl. de l'Éc. des chartes*, t. XLI, p. 201. L'erreur remonte à Dinaux, qui, prenant l'adjectif « courtois » pour un nom propre, en a fait l'auteur, non pas de la pièce ci-dessus, mais de celle qui vient après dans le même ms. Voir *Trouv. artés.*, p. 158. Cf. Jeanroy et Guy, *loc. cit.*, p. 34.

2. Dans cette inscription, comme dans beaucoup d'autres du *Nécrologe*, le premier mot fait double emploi avec le dernier, qu'il abrège ou qu'il traduit en latin, comme ici: *Cauta* au lieu de *Cautes*, pierre.

3. *Bibl. de l'Éc. des chartes*, 4e série, t. V, p. 321, 322.

La glose se trompe; ce que Robert attend avec une vive impatience, c'est le couronnement.... de sa flamme. Le texte, en effet, ne dit pas :

Et qant venra, *si ert li* rois courounés.

L'interprétation a confondu *ert* = sera, *erit*, avec *ere* = serai, *ero* : « Et quand viendra ce jour tant désiré, *je serai* couronné roi. »

Le jeu parti n'infirme donc pas la présomption d'identité, bien que les synchronismes puissent laisser place à quelque incertitude.

23. — JEAN DE GRIEVILER a composé sept chansons et collaboré à vingt-neuf jeux partis, tous avec Bretel, sauf quatre avec Jean de Marli, Cuvelier[1], Lambert Ferri, Adam de la Halle, et deux anonymes[2]. Il n'en était pas moins resté dans l'ombre, et c'est à M. Louis Passy surtout qu'il doit d'avoir repris sa place parmi les notabilités du panthéon littéraire d'Artois.

L'auteur de cette dernière notice, contrairement à l'opinion de P. Paris, qui le croit bourgeois d'Arras[3], est d'avis qu'il a pu être seigneur du village dont il portait le nom. Il ne doute pas d'ailleurs que ce ne fût un chevalier, et il en donne pour preuve cette apostrophe de Bretel :

Grieviler bel chevalier[4]

A cela on peut objecter qu'aucune famille chevaleresque n'a porté, qu'on sache, le nom de la terre de Grevillers-lez-

1. Au lieu de « Cuvelier », nom de famille et de métier des plus répandus, quelques critiques écrivent « Cunelier » qu'on ne rencontre nulle part, suivant la leçon du texte de Fauchet, dont l'erreur est d'ailleurs rectifiée par la table. Un *Johannes Cuvellarius, burgensis de Bapalmis* est mentionné dans un acte de l'évêque d'Arras d'avril 1258. — *Cartul. de l'évêché,* f° 155 v°. B. N., Moreau, CXXX, fol. 57.

2. L. Passy, *Bibl. de l'Éc. des chartes*, 4e série, t. V, p. 18.

3. *Hist. litt.*, XXIII, p. 604.

4. L. Passy, *loc. cit.*, p. 15 et 34.

Bapaume. On ne voit pas non plus dans les manuscrits que notre chansonnier soit nulle part qualifié « monseigneur » ou « messire[1] », conformément à l'étiquette du temps.

Quant à l'apostrophe de Bretel, il est évident que « bel chevalier » ne peut se rapporter à Grieviler, la grammaire s'y oppose : il faudrait ici « biaus chevaliers ». En se reportant au jeu parti, on voit que les deux mots sont au pluriel :

Grieveler, bel chevalier
Armé font miex a proisier
Que vilain nu de charue.

« Grieviler, les beaux chevaliers ont, sous l'armure, plus de prix que n'en ont aux champs les paysans nus. »

Ainsi Jean de Grieviler n'était pas chevalier. Était-il donc bourgeois ? Pas davantage : il était clerc.

Je veux dire un de ces clercs mariés, comme il y en avait tant à Arras, n'ayant d'ecclésiastique que la tonsure. Encore ceux-là négligeaient-ils volontiers de la rafraîchir, qui, se faisant usuriers, marchands, taverniers, jongleurs ou même ribauds, vivaient de toutes les promiscuités laïques.

On comprend donc que l'échevinage s'efforçât de soumettre indistinctement aux charges de la bourgeoisie ces privilégiés qui venaient chez elle lui faire concurrence sans bourse délier. Mais alors c'était la guerre ; la coalition professionnelle soulevait à la cour de l'évêque d'interminables conflits.

C'est ainsi que, le 28 janvier 1254, seize clercs mariés d'Arras, parmi lesquels notre Jean de Grieviler, déposèrent une plainte contre leur inscription d'office à la taille communale[2].

La cause fut évoquée à Rome. Le procureur de la ville al-

1. M. L. Passy lui donne ce titre, p. 14, et s'en prévaut même contre Bretel, p. 466 ; mais en dehors de sa propre notice, je n'en trouve aucun exemple.

2. *Inv. chron. des ch. de la ville d'Arras*, Doc. XXX. La promulgation de la sentence, que nous avons publiée d'après la bulle originale d'Innocent IV, reproduit textuellement le *libellus* collectif des clercs mariés. Parmi leurs noms, après celui de notre trouvère estropié *Johannes*

légua que plusieurs des protestataires exerçaient des offices séculiers ou des professions dégradantes, que beaucoup d'ailleurs étaient dans le cas de bigamie canonique et conclut à ce qu'ils fussent tous déclarés déchus de leur privilège.

La justice apostolique n'admit pas cette doctrine intransigeante; elle distingua : abandonnant au pouvoir civil quelques brebis galeuses y compris les bigames, la sentence n'en condamna pas moins les échevins à respecter chez les autres clercs mariés leur droit à l'immunité ecclésiastique[1].

Cette décision de principe nous laisse ignorer à laquelle des deux catégories appartenait Jean de Grieviler.

24. — Parmi tant de nébuleuses dont le ciel poétique d'Arras est constellé, JEAN BRETEL nous apparaît comme une étoile de première grandeur. Durant la période qui comprend les deux croisades de saint Louis, ce prince du puy d'amour, le roi du jeu parti, fut l'âme du grand mouvement littéraire dont cette ville était le centre.

Autour de lui gravitent une foule de notabilités contemporaines, amateurs et artistes que le goût des tournois de la rime et des jeux d'esprit attirait de toute la région à ces brillantes solennités.

Cependant, malgré l'importance de son rôle et l'étendue de ses relations, la personalité historique de Bretel est longtemps restée, comme tant d'autres, une énigme pour ses biographes, réduits comme toujours, faute de données positives, à disséquer dans ses œuvres les moindres allusions pour en tirer quelques vraisemblances[2].

de Grieluier, on lit *Riccerus Aurifaber*, dans lequel nous reconnaissons *Rikier Aurris*, le clerc du *Jeu de la Feuillée*. Le notaire romain aura cru voir une abréviation dans l'*f* finale du mot *Aurif*, d'où *Aurifaber*. Le *Nécrologe* l'inscrit, en 1302.2³, sa femme en 1300.2⁷.

1. Deux ans plus tard, Alexandre IV confirmait la sentence de son prédécesseur par une bulle que nous avons imprimée d'après une copie, à défaut de l'original réintégré seulement en 1885 aux archives communales. — *Ibid.*, DOC. XXXI.

2. Dinaux, *Trouv. artés.*, p. 283. — *Hist. litt.*, XXIII, p. 636. — L. Passy, *Bibl. de l'Éc. des chartes*, 4ᵉ série, t. V, p. 465.

Sur la foi de ces commentaires, si hasardeux en général, la critique a fait de Bretel, tantôt un riche bourgeois, tantôt un pauvre trouvère. Elle avait pu toutefois dater, dès le principe, un de ses jeux partis: importante donnée chronologique, qui, combinée depuis avec celles du *Registre de la Confrérie des Jongleurs*, aurait assuré le succès de cette méthode, si la méconnaissance du caractère nécrologique du document n'eût faussé la solution[1], comme elle devait récemment compromettre, dans une certaine mesure, les résultats d'une autre enquête plus vaste et plus approfondie[2]. Il nous suffira donc de rendre à ces dates leur signification vraie et de les rapprocher des indications recueillies dans les documents de l'époque, pour reconstituer dans ses parties essentielles le cadre biographique de notre trouvère.

D'après la conformité des noms, il paraît vraisemblable de rattacher Jean Bretel à « Nicholans Bretheaz », ou « Berteel » et à ses fils, inscrits au pouillé des rentes foncières de Saint-Vaast en 1170 comme propriétaires de deux maisons dans le quartier de l'Estrée[3].

Cependant les certitudes généalogiques ne remontent pas au delà de son grand-père Jacques Bretel, que nous voyons, au commencement du siècle suivant, en possession d'une des sergenteries héréditaires de l'abbaye.

Cet office, depuis longtemps inféodé, comptait huit titulaires appelés « famuli » ou « servientes coquinæ[4] ». Ils formaient une juridiction spéciale connaissant, à la conjure du cellerier, plus tard à celle du sous-prévôt dit prévôt des eaux, — alias de Saint-Michel, — de toutes les causes personnelles et réelles afférentes à la rivière de la Scarpe, ses moulins, ses

1. Gaston Raynaud, *Bibl. de l'Éc. des chartes*, t. XLI, pp. 201, 202. — Cf. *Romania*, t. IX, pp. 219, 220.

2. Henri Guy, *Essai sur Adan de le Hale*, p. 40.

3. Je reproduis les noms d'après la copie du Guiman de l'Évêché.

4. Ces sergenteries inféodées se retrouvent à Paris, à Reims, etc. Sur les « servientes de coquina, servientes feodati, feodarii », voir Guérard, *Cartul. de N.-D. de Paris*, t. I, p. 398, 460; t. II, p. 396; t. III, p. 450.

pêcheries, y compris les propriétés riveraines, dans toute l'étendue du domaine de Saint-Vaast depuis Anzin jusqu'à Athies[1].

La juridiction volontaire de ce ressort étendu rentrait également dans leurs attributions. A Biache comme à Blangy, à Méaulens comme au pouvoir de la Cuisinette en Cité, ils recevaient toutes conventions entre parties, les saisines et dessaisines, les entravestissements, les contrats de mariage, etc. Nous possédons encore un grand nombre de leurs actes en chirographes originaux.

La prébende collective des huit « jugeurs », ou « sergans iretavles de le rivière Saint-Vaast », consistait en cent cinquante-quatre mencauds de blé à prendre annuellement sur les onze moulins de l'abbaye, conséquemment dix-huit mencauds par tête, auxquels s'ajoutaient d'autres distributions en nature, telles que « boulengs, miches et sorets[2] », sans oublier une paire de bottes, accessoire indispensable pour le parcours d'une circonscription aussi marécageuse[3].

Un seul acte émané de cette juridiction porte comme « jugeur » le nom de « Jachemes Bretiaus ». Il est daté de « M. CC. et XXVII, el mois de setenbre, le nuit Nostre Dame ». D'autre part le *Nécrologe* enregistre le décès de « li Bretel Jakemes » en 1230, au printemps (1229. 3[15]).

Est-ce Jacques, est-ce son père que salue le *Congé* de Bodel ? L'absence du prénom laisse la question irrésolue[4].

Après lui, la sergenterie échut à son fils « Jehans Bretiaus », nommé au bas d'un acte original de septembre 1241. Il semblerait que le nouveau titulaire eût des intérêts dans l'industrie,

1. Cartul. Guiman — impr. p. 346-348, 366; ms., codex de l'Évêché, pièces ajoutées nos 535, 617. — Cartul. du chapitre (éd. A. de Loisne), p. 24.

2. Arch. comm. d'Arras. *Embrevures*, 3 avril 1426.

3. Voir à la fin des cueilloirs de la renterie de Saint-Vaast. Cette ancienne fourniture y est encore représentée au XVIe siècle par une allocation de 6 s. parisis. — Année 1561-1562.

4. « Bretel, kel gré que jou en aie, » etc., dans Méon, *Fabl.*, I, p. 143.

la draperie peut-être, car il fréquentait les foires de Champagne. On le voit, en effet, au lendemain de l'ouverture de la « foire chaude » à Troyes, le 25 juin 1232, souscrire pour un titre de quarante livres parisis à un emprunt en rentes viagères émis par cette ville sous la garantie du comte Thibaut le Chansonnier[1].

La teneur de l'acte prouve que ce Jean était bien le fils de Jacques qui précède : « Johanni Bretel seniori, filio Jacobi Bretel, civi Attrebatensi. » De plus, il y est nommé Jean

1. « Ego Theobaldus, Campanie et Brie comes palatinus, notum fieri volo tam presentibus quam futuris quod major et scabini et omnes cives totaque communitas civitatis Trecarum debent Johanni Bretel seniori, filio quondam Jacobi Bretel, civi Attrebatensi, quamdiu ipse Johannes vitam in corpore suo habebit, in quocumque habitu fuerit, sive in religione sive extra religionem, quadraginta libras parisiensium de annuo redditu, quem redditum ipse Johannes de vero et pura sorte sua, titulo emptionis, ad petitionem et supplicationem majoris, scabinorum et civium et communitatis civitatis Trecarum ac pro maxima civitatis Trecarum utilitate, ut de eisdem majore, scabinis et civibus et communitate Trecarum intellexi, sollempniter et legitime comparavit. Hunc autem redditum predictum reddere debent major scabini et omnes cives totaque communitas civitatis Trecarum predicto Johanni Bretel singulis annis, quamdiu vitam in corpore suo habebit, ad festum Nativitatis beati Johannis Baptiste apud Attrebatum, vel alibi tam remote a civitate Trecarum quantum distat Attrebatum a civitate Trecarum, vel usque ad unam dietam prope Attrebatum, ubi dictus Johannes maluerit, bona fide, in terra pacis, in salvo tamen ac tuto loco. Si vero monetam parisiensem apud Trecas cursum suum amittere contigerit, vel progressu temporis lege aut pondere pejorari, ipsi eidem Johanni reddent, pro singulis quadraginta solidis redditus predicti, tredecim solidos et quatuor denarios bonorum et legitimorum sterlingorum.......... Si vero pretaxati major, scabini et cives et tota communitas civitatis Trecarum totum redditum predictum et totam conventionem predictam, sicuti in litteris eorum inde confectis continetur, prenominato Johanni non redderent, ego Theobaldus, Campanie et Brie comes palatinus prenominatus, infra quindenam qua ab ipso Johanne vel ab aliquo ex parte ejus submonerer, ei reddere tenerer cum redditu predicto, omnes custus, sumptus et dampna que ipse inde super sacramentum suum habe[re]t per defectum solutionis...... Actum anno gracie M°. CC°. tricesimo secundo, mense junii, in crastino Nativitatis beati Johannis Baptiste. » —*Sur le repli*. Jehans Bretels. — Arch. nat., J, 195, n° 14, orig. (Cf. A. Teulet, *Layettes des Trés. des chartes*, t. II, p. 235).

Bretel père, « senior », par opposition à Jean Bretel fils, « junior », qui lui succédera.

Le père de notre trouvère est celui que le *Nécrologe* appelle le *bon* Jean Bretel, « pro bono Bretel Jehan », en enregistrant son décès vers la fin de l'année 1244 (1244.2[16]).

Dans les actes suivants, nous rencontrons tout d'abord « Robins Bretiaus » en novembre 1246, et le même « Robers Bretiaus » en avril 1251. Cinq ans plus tard, on constate que, dans l'intervalle, une mutation s'est faite au profit de notre Jean Bretel[1].

Jean et Robert étaient frères, comme nous l'apprend le rentier de 1261, qui enregistre sous leur nom une propriété indivise à Beaurains-lès-Arras[2]. L'ordre dans lequel ils sont inscrits semble indiquer que Jean était l'aîné. Comment donc se fait-il que Robert, le puîné, ait desservi l'office après la mort de leur père? Et, s'il était l'aîné, pourquoi, de son vivant, céda-t-il la place à son frère?

C'est là un point obscur encore inexpliqué. Tout ce que nous savons, c'est qu'à partir de mai 1256, Jean Bretel seul figure dans une série de chirographes parmi les « sergants iretavles de le rivière Saint-Vaast ».

M. Henri Guy, confondant, comme M. Gaston Raynaud, le « bon » Jean Bretel avec son fils, a relevé huit de ces mentions commençant à 1241 dans un recueil de copies du XVe ou du XVIe siècle qu'il a principalement utilisé[3]; les pièces origi-

1. M. Guy, p. 43, introduit ici, dans la série des sergents héréditaires, un *Adam Bretel* qui troublerait cette généalogie. Je ne l'avais rencontré nulle part. Vérification faite d'après la référence indiquée en note par l'auteur, cet *Adam* n'existe pas.

2. B. N., ms. lat. 10972, f° 46.

3. *Essai sur Adan de le Hale*, p. 39-40. — Il est nécessaire de faire remarquer que ces copies, dont le livre de M. Guy nous donne çà et là des extraits, ont subi des rajeunissements qui, sans nuire à leur valeur historique, leur enlèvent toute autorité philologique. Ainsi la formule initiale du XIIIe siècle « Sacent li sergant iretavle..... » devient: « Sacent *tous les servants héritables......* » (*Loc. cit.*, p. 27 note, 50, 54, 431 notes, 446 notes, etc.). Au XVe siècle, en effet, les anciens ser-

nales consultées auraient pu lui en fournir douze ou quinze autres antérieures à 1272[1].

Il n'en est pas moins vrai qu'à cette dernière date, l'auteur de l'*Essai sur Adan*, relevant une nouvelle mutation, en a très judicieusement conclu que, vraisemblablement, le trouvère était mort « entre juin 1272 et le commencement de 1273 ».

Le *Nécrologe*, en effet, vérifie l'hypothèse : il inscrit le décès de « Jehan Bretiaus » en 1272.2[35], conséquemment vers août-septembre : double constatation qui pouvait suffire à révéler le véritable caractère du Registre de la confrérie[2].

Ce document nous apprend en outre que Bretel était devenu veuf dix-huit mois auparavant (1270.3[18]), et qu'une sœur lui survécut deux ans (1274.1[4]).

Il n'est pas inutile de rappeler que cette famille comptait aussi deux dignitaires ecclésiastiques. Le premier, Éverard Bretel, chanoine de Marœuil, « de civis Atrebatensis ortus prosapia », fut, sur la recommandation de l'évêque Jacques de Dinant, élu abbé de la congrégation en 1248. S'émancipant aussi-

gents de Saint-Vaast furent appelés « servants », sans doute pour les distinguer des officiers de police et faire mieux comprendre la nature de leurs fonctions originelles transformées en service féodal.

1. *Loc. cit.*, p. 40, note. — Voici, en dehors des chirographes dont M. Guy vise la copie, les dates des originaux où j'ai noté jadis le nom du dernier Jean Bretel : mai 1256 — juillet 1258 — déc. 1258 — mars 1261, v. st. — nov. 1266 — avril 1268 — mai 1268 — mars 1268 v. st. — fév. 1169, v. st. — mai 1270 — oct. 1270 — ... 1270 — févr. 1270, v. st. — mai 1271.

Un autre sergent héréditaire « Gillos li Petis », relevé par M. Guy (*ibid.*, p. 344; note 10) dans les copies de chirographes à partir du mois d'avril 1286 seulement, figure dans une douzaine d'originaux au moins antérieurement à cette date, dès janvier 1277, v. st. — Ce *Gillot* serait-il le personnage du *Jeu de la Feuillée ?* Tout ce qu'on peut affirmer, c'est que ce dernier ne fait qu'un avec celui du *Congé* de Fastoul, v. 547; mais il diffère de son homonyme cité plus haut dans ce même *Congé*, v. 253 (Méon, *Fabl.*, t. I, p. 120 et 129).

2. Plus loin, à propos de l'inscription de Baude Fastoul en 1273, date qui ne se comprend pas, si on l'applique à son entrée dans la confrérie, M. Guy écrit, p. 117, note 1 : « Rien ne prouve qu'on ne mentionnait pas *quelquefois* au livre de la carité le décès des confrères. » — Impossible de passer plus près de la vérité sans la reconnaître !

tôt, dit la chronique, il se jeta follement dans une vie de plaisirs mondains, qui fit scandale[1]. Sa prélature ne dura que trois ans.

Le second, maître Jacques Bretel, fut chanoine de Notre-Dame d'Arras en 1260. Il possédait une des maisons du cloître. Les obituaires l'inscrivent au XII des cal. de juillet[2].

25. — Cette enquête, déjà bien incomplète, semblerait comme tronquée, si elle ne s'achevait sur le nom de celui qui éclipse tous nos trouvères contemporains, ADAM LE BOSSU, dit DE LA HALLE.

Le célèbre poète artésien a été dans ces derniers temps, en France et en Allemagne, l'objet de nombreux commentaires tendant à dégager de ses écrits la biographie de l'écrivain. Au premier rang de ces travaux qu'il résume se place le livre de M. Henri Guy, œuvre de discussion vive, spirituelle, « abondante et copieuse en raisons », où l'habile critique reprenant une à une les hypothèses jusqu'ici proposées, les contrôle, les rapproche, les développe, les systématise, et finalement nous présente un Adam reconstitué de toutes pièces.

La place manquerait ici pour un examen détaillé de ces spécieuses conjectures biographiques. Il en a déjà été question ailleurs, et j'ai fait voir qu'il convenait de ne les admettre que sous toutes réserves : l'absence de données certaines y laisse un trop libre essor à l'imagination[3].

Il est vrai que, réduite à ce que l'on en sait, la biographie

1. « (Anno 1248) elegimus dominum Everardum Bertel, canonicum nostrum et de civis Atrebatensis ortum prosapia, per consilium reverendi in Christo patris ac domini Jacobi dicti de Dinant tunc temporis episcopi Atrebatensis ...., quem prefatus pontifex confirmavit et in capella sua apud Atrebatum benedixit. Qui cum sentiret se propria libertate potiri, relicto bonorum consilio, statim se exposuit illecebris delectationibusque hujus mundi, de quibus non est multum recitatio proficua nec honesta. » — Bibl. d'Arras, *Cartul. de Marœuil*, ms. 672.

2. B. N., Lat. 10972, f° 9 v° — Bibl. d'Arras, mss. 424, 305, 290.

3. Voir dans le *Moyen Age*, année 1900, *La satire à Arras au XIIIe siècle*, p. 150-160 (100-110 du tirage à part).

d'Adam tiendrait dans quelques lignes ; aussi les commentateurs ont-ils fait assaut d'ingéniosité pour en combler les vides, et l'on peut dire qu'ils y ont merveilleusement réussi.

Encore jeune clerc, Adam se maria, séduit par une première rencontre, dont il goûta les charmes

A la grant saveur de Vaucheles[1].

Et sur la foi d'une allusion aussi vague, comme si d'ailleurs il n'existait qu'une seule localité de ce nom, on a fait aussitôt de notre Adam un novice de l'abbaye de Vaucelles en Cambrésis[2] !

Pourquoi le Vauchelles de cette savoureuse idylle ne serait-il pas aussi bien celui des marches d'Artois-Picardie[3] ? D'abord il est plus près d'Arras, et puis il confine à Beauquesne, siège d'une prévôté foraine en rapports constants avec l'échevinage dont son père était clerc. Pour la scène en question, ce décor vaut amplement l'autre.

Aux moines près, il est vrai ; mais qu'en a-t-elle besoin ? Qui donc parle ici d'abbaye ? Où voit-on quelque trace de ce prétendu stage monacal, un indice qu'Adam ait jamais pris et jeté le froc ? Et comment le scandale de sa fugue aurait-il fait de lui le protégé des Cisterciens[4] ? Ce sont là, sur un demi-mot, des hypothèses singulièrement osées.

Après l'épisode de l'abbaye de Vaucelles vient la légende de l'exil à Douai. J'ai expliqué ailleurs qu'elle reposait sur une méprise, et comment, dans l'interprétation du *Congé* de Fastoul, on avait confondu deux personnages distincts : Adam, fils de

1. *Jeu de la Feuillée*, v. 169.
2. Voir le *Moyen Age*, année 1901, pp. 198-199, Compte rendu de *Canchons und Partures des altfranzösischen Trouvère Adan de le Hale* herausgegeben von Rudolf Berger. — Cf. H. Guy, *Adan de le Hale*, pp. 30-32.
3. Vauchelles-les-Authie. Il existe deux autres Vauchelles dans la Somme.
4. H. Guy, *loc. cit.*, pp. 75-76.

seigneur Henri, « eskiu à Douai », avec notre Adam, fils de *maistre* Henri, demeuré à Arras[1]. Inutile d'insister.

En dehors de son mariage, on ne sait donc rien de la première jeunesse du trouvère, sinon que, peu de temps après cet évènement, regrettant d'avoir brisé sa carrière, il résolut d'aller à Paris reprendre ses études interrompues.

Ici se place le *Congé*, avec le *Jeu de la Feuillée* sa contre-partie, auxquels P. Paris et Monmerqué ont assigné la date généralement adoptée de 1262.

Donna-t-il suite à son projet ? On n'en a pas la preuve certaine, mais on peut en croire les adieux émus qu'il adresse à sa femme, à ses protecteurs, à ses amis, non sans donner libre cours à ses rancunes politiques et témoigner contre ses détracteurs un vif sentiment d'amertume.

Nous savons en effet, par Adam lui-même, que la nouvelle de ce revirement subit défrayait toutes les conversations, et que dans certains cercles on s'en égayait à ses dépens :

Mais il i a maint faus devin
Qui ont parlé de men couvin,
Dont je ferai chascun hontex;
Car je ne serai mie tex
Qu'il m'ont jugié a leur osteux
Quant il parloient apres vin[2].

Le *Jeu de la Feuillée* n'est autre chose pour nous qu'une forme des manifestations de cette gaieté satirique. Dans ce qu'on a appelé *Li jus Adan*, c'est Adam que l'on joue; il n'est pas l'auteur, mais le sujet des scènes où on le parodie[3], où lui et les siens sont bafoués. S'il y a jamais collaboré[4], c'est malgré lui,

1. *La satire à Arras*, dans le *Moyen Age*, ann. 1900, p. 159 (109 du tirage à part).

2. Méon, *loc. cit.*, I, p. 111, vers 148.

3. Cf. Congé, v. 70-73, et *Feuillée*, v. 42-44.

4. Qu'entraîné par son enthousiasme, et pour le communiquer à ses amis, Adam, nouveau Candaule, eût fait des charmes de l'épousée le joli pastel où l'on croit reconnaître sa touche, il n'y aurait là rien d'invraisemblable, et cette citation n'en serait que plus piquante, ainsi adaptée

et le comble de l'invraisemblance, à nos yeux, serait de supposer que lui-même et son père en aient été les acteurs[1].

A partir du *Congé*, Adam disparaît. Fut-il, comme on le suppose, attaché de bonne heure à la maison de Robert d'Artois? Rien ne permet non plus de l'affirmer. La seule chose certaine, c'est qu'entraîné dans un parti de mécontents, il avait renoncé au séjour d'Arras[2] et suivi le comte en Pouille, où il mourut en 1286 ou 1287.

Son père vivait toujours; de sorte que, si l'on accepte pour le *Jeu de la Feuillée* la date de 1262, ce vieillard alors cassé, débile, qui disait déjà

v. 297 Je sui uns vieus hom plains de tous,
Enfers et plains de rume et fades...
v. 497 Si n'ai mie à vivre granment,

n'en aurait pas moins survécu près de trente ans à ces doléances, malgré ses infirmités et son catarrhe[3]. Le *Nécrologe* inscrit en effet « Bochu maistre Henri » vers mars-avril 1291 (1290.3[6]). Sa seconde femme, « feme de le Hale Henri », l'avait précédé en février 1283 (1282.3[4]): c'est vraisemblablement cette Marie le Jaie, dont le clerc bigame aurait dénoncé publiquement l'humeur querelleuse[4].

à la scène où le peintre abandonne effrontément son modèle. On comprendrait alors pourquoi, sous le titre équivoque de *Jeu Adan*, deux manuscrits sur les trois se sont bornés à reproduire, dans le cadre scénique du prologue, la longue tirade du portrait de Maroie.

1. H. Guy, *Essai sur Adan de le Hale*, pp. 20 et 243.

2. Qui por revel et compaignie
Laissa Arras; ce fu folie,
Car il iert cremus et amés.

B. N. ms. fr. 375. Cf. P. Paris, *Encycl. cathol.*, t. I, p. 426.

3. On ne s'explique guère non plus comment à cette même date de 1262, Adam, auquel on donne de vingt à vingt-cinq ans au plus, a pu dire dans le *Congé :*

v. 41 Nature n'est mais en moi tendre
Pour faire cans, ne sons, ne lais,
Li an acourchent mes eslais.

Méon, *loc. cit.*, p. 107.

4. *Feuillée*, v. 501.

CHALON-S-SAONE, IMPRIMERIE FRANÇAISE ET ORIENTALE E. BERTRAND.

www.ingramcontent.com/pod-product-compliance
Ingram Content Group UK Ltd.
Pitfield, Milton Keynes, MK11 3LW, UK
UKHW020953220726
13924UKWH00002B/668